내가 너를 사랑한다

백명식 글 · 그림

강화에서 태어나 서양화를 전공했고, 출판사 편집장을 지냈습니다.
어린이들이 좋아하는 책을 쓰고 그릴 때 가장 행복합니다.
그린 책으로는 《자연을 먹어요(전 4권)》 《WHAT 왓? 자연과학편(전 10권)》 시리즈,
《책 읽는 도깨비》 등이 있으며, 쓰고 그린 책으로는 《돼지 학교(전 40권)》
《인체과학 그림책(전 5권)》 《맛깔나는 책(전 7권)》 《저학년 스팀 스쿨(전 5권)》
《명탐정 꼬치의 생태 과학(전 5권)》 시리즈 등이 있습니다.
소년한국일보 우수도서 일러스트상, 소년한국일보 출판부문 기획상,
중앙광고대상, 서울 일러스트상을 받았습니다.

냄새 나는 책 1 〈방귀〉

백명식 글 · 그림

1판 1쇄 발행 2016년 4월 29일 | 1판 9쇄 발행 2021년 1월 19일 | 펴낸이 정중모 | 펴낸곳 파랑새 | 등록 1988년 1월 21일(제406-2000-000202호)
주소 경기도 파주시 회동길 152 | 전화 031-955-0670 | 팩스 031-955-0661 | 홈페이지 www.bbchild.co.kr
전자우편 bbchild@yolimwon.com | ISBN 978-89-6155-669-9 77470, 978-89-6155-668-2(세트)

ⓒ백명식, 2016

· 책값은 뒤표지에 있습니다.
· 저작자와 출판사의 허락 없이 이 책의 일부 또는 전체를 인용하거나 발췌하는 것을 금합니다.

어린이제품안전특별법에 의한 제품 표시
제조자명 파랑새 | 제조년월 2021년 1월 | 제조국 대한민국 | 사용연령 7세 이상

냄새 나는 책
방귀

백명식 글·그림

파랑새

차례

방귀를 뀌면 왜 냄새가 날까? 8

방귀를 참으면 어떻게 될까? 10

방귀는 왜 요란한 소리를 낼까? 12

수술을 한 환자는 왜 방귀를 기다릴까? 14

파충류나 물고기도 방귀를 뀔까? 16

방귀를 자주 뀌면 병이 있는 걸까? 18

방귀가 안 나온다면 병이 있는 걸까? 20

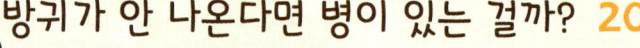

방귀가 무기인 동물도 있어! 22

우주선에서 방귀를 뀌면 어떻게 될까? 24

방귀에 매기는 세금도 있을까? 26

소의 방귀에는 왜 메테인이 많을까? 28

방귀를 맞이하는 우리의 올바른 자세는? 30

 깔끔마녀와 까만 고양이의 방귀 소동 32

낱말풀이 40

숲 속 양지 바른 곳에 소풍을 왔어.
맛있게 싸 온 도시락을 먹고는 모두들 풀밭에 누워 쉬고 있었지.
그런데 어디선가 뽀옹 하는 방귀 소리가 들렸어.
윽! 지독한 냄새!
어라? 이 와중에 보리는 가만히 누워 노래를 부르네.
범인은 바로 보리였군.

방귀를 뀌면 왜 냄새가 날까?

방귀 냄새는 무얼 먹었는지, 얼마나 먹었는지에 따라 달라져.
방귀는 몸속 소화 기관인 장 속에서 생기는 가스거든.
고기나 달걀 같은 단백질이 많은 음식을 먹고 나면
고약한 냄새를 풍기는 방귀가 거침없이 나온다는 사실!

내 냄새와 비슷하군.

방귀를 참으면 어떻게 될까?

방귀를 참는다고 가스가 몸속에 그대로 쌓이지는 않아.
밖으로 나오지 못한 방귀는 큰창자(대장)에서
모세 혈관을 통해 혈액 속으로 들어가.

혈액을 타고 빙빙 돌던 방귀 성분은
콩팥을 통해 오줌으로 나오거나
혈관을 타고 폐로 흘러들어 가서
숨 쉴 때 코와 입으로 나오기도 해.
방귀를 오래 참으면
장에 가스가 차서 배가 아프고
소화도 잘 안 될 수 있어.

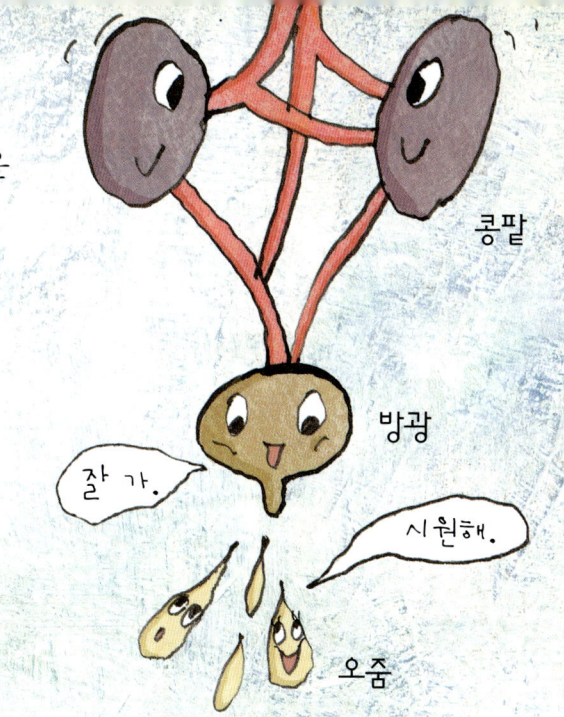

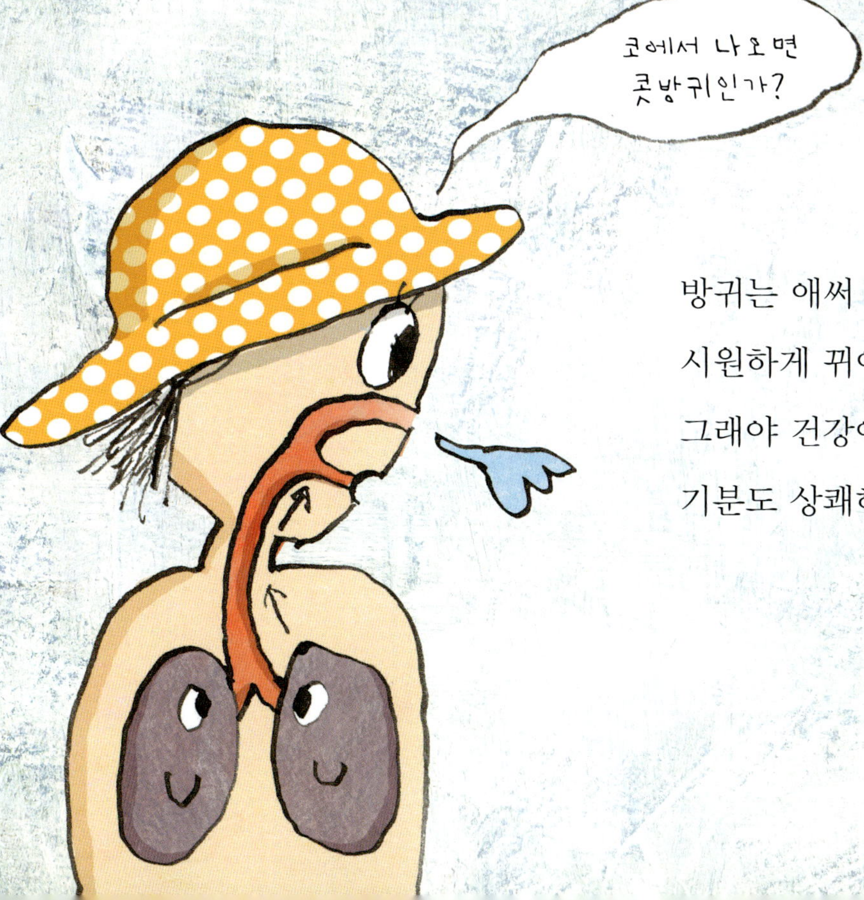

방귀는 애써 참지 말고
시원하게 뀌어 줘야 해.
그래야 건강에도 좋고
기분도 상쾌해지거든.

방귀는 왜 요란한 소리를 낼까?

뿌웅~ 뽕!

누구의 방귀 소리가 이렇게 큰 거야?

범인은 바로 코끼리였어.

덩치가 클수록 방귀 소리도 요란하군.

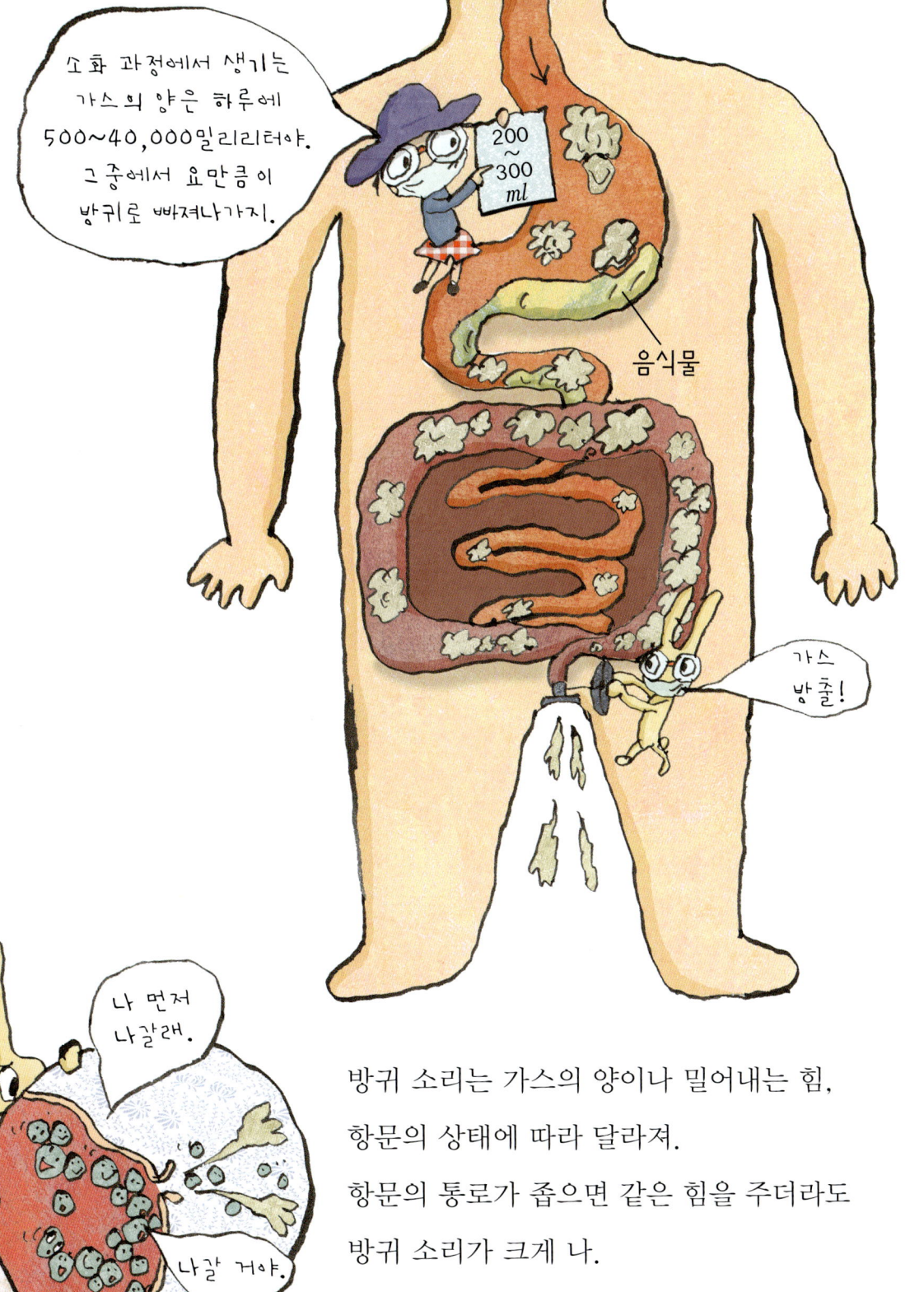

방귀 소리는 가스의 양이나 밀어내는 힘,
항문의 상태에 따라 달라져.
항문의 통로가 좁으면 같은 힘을 주더라도
방귀 소리가 크게 나.

이제 몸이 정상으로 돌아왔습니다.

수술을 한 환자는 왜 방귀를 기다릴까?

수술을 받을 땐 마취를 하기 때문에
장의 움직임이 매우 약해져 있어.
그래서 음식을 먹더라도 소화를 잘 못 시켜.
이럴 때는 방귀를 기다려야 해.
방귀가 나왔다는 건 장이 정상적으로
움직이기 시작했다는 신호야.
이제 음식을 먹을 수 있다는 뜻이지!

맛있는 죽이야.

파충류나 물고기도 방귀를 뀔까?

파충류 중에도 방귀를 뀌는 녀석이 있어.
뱀의 소화 기관 속에는 박테리아가 사는데
이 박테리아가 아주 고약한 냄새를 풍기는 방귀를 만들어.
물고기도 방귀를 뀌어.
물고기는 들이마신 공기를 부레에 저장했다가
꽁무니의 관을 통해 내보내지.
커다란 물고기가 나타나면 방귀 발사!
다정한 친구끼리 대화하며 방귀 발사!

뽀붕

뿡뿡

방귀를 자주 뀌면 병이 있는 걸까?

방귀는 음식을 먹고 소화시키는 과정에서 생긴
메테인, 수소, 이산화 탄소가 공기와 섞인 거야.
방귀가 많이 만들어지는 음식을 먹으면
자연적으로 방귀가 많이 나오지.
그러니 방귀가 많이 나온다고 해서
걱정할 필요는 없어.

방귀의 성분

메테인, 수소, 이산화 탄소, 공기

뽀옹 뿌 우웅

방귀가 많이 생기는 음식

콩
탄산음료
브로콜리
양배추
달걀
마늘
생선

방귀 냄새가 지독해지는 음식

맵고 짠 음식

뿡

19

방귀가 안 나온다면 병이 있는 걸까?

방귀가 나온다는 건 장 속에서
소화가 정상적으로 이루어지고 있다는 뜻이야.
소화는 장이 꿈틀 운동을 하면서
음식물을 분해하고 이동시키는 과정이야.
만약 오랫동안 방귀가 잘 나오지 않는다면
장의 소화 기능에 문제가 있는 건 아닌지
의심을 해 봐야 해.

방귀가 무기인 동물도 있어!

방귀 하면 나, 스컹크를 빼놓을 수 없지.
분무기처럼 쏘아져 나오는 내 방귀는 천하무적이야.
위험을 느끼면 지체 없이 악취를 발사하지!

리는 1킬로미터까지 날아가.

으악! 지독한 가스다!

뿌직!

날아라, 독가스!

노린내를 풍기는 노린재도 빼놓을 수 없지.

노린재는 가슴에 고약한 냄새 물질을 저장하는 냄새샘이 있어.

적이 나타나면 방귀를 뀌어서 냄새 물질을 뿜지.

노린재의 똥방귀 폭탄 맛 한번 볼래?

우리도 만만치 않다우.

날 방귀벌레라고 부르기도 하지.

우주선에서 방귀를 뀌면 어떻게 될까?

사람이 많은 엘리베이터나 좁은 방에서는
방귀가 마려워도 참는 게 예의야.
그런데 더 조심해야 할 곳이 있어. 바로 우주선이야.
밀폐된 우주선 안은 산소의 농도가 매우 높아서
조그만 불꽃에도 폭발이 일어날 수가 있거든.
게다가 방귀에는 메테인이 있기 때문에
더더욱 조심해야 하지.

온실가스

내가 1년 동안 내뿜는 메테인은
약 120킬로그램이야.
우리가 내뿜는 메테인은
전 세계 온실가스의 15퍼센트나 되지.

방귀에 매기는 세금도 있을까?

소나 양, 염소같이 되새김질을 하는 초식 동물은
방귀를 뀔 때 메테인이란 물질을 공기 중으로 내보내.
메테인은 이산화 탄소와 함께
지구 온난화를 일으키는 주범이야.
그래서 소나 양을 많이 키우는 뉴질랜드나 덴마크에는
가축의 방귀세를 물리자고 하는 사람들도 있어.

온실가스 배출량 비교

소형차 1대 = 젖소 1마리 = 한우 2마리

소의 방귀에는 왜 메테인이 많을까?

되새김질을 하는 초식 동물들은
건초의 질긴 섬유질을 거뜬히 소화시켜.
이러한 소화 과정에서 메테인이 많이 발생해.
메테인이 일으키는 온실 효과는
이산화 탄소의 약 24배나 되기 때문에
소들의 방귀는 지구 환경에 치명적이야.

우리 박테리아들은 위 속에 있는 음식물을 발효시켜 메테인을 만들지. 헤헤!

방귀를 맞이하는 우리의 올바른 자세는?

얌체처럼 남몰래 뽀옹 새어나오는 방귀는 냄새가 참 지독해.
하지만 이런 방귀라도 반갑게 여겨야 해.
방귀가 몸속에 그대로 갇혀 있다면 얼마나 답답하겠니?
그러니 방귀가 나오면 언제든 반갑게 맞아 주렴!

킁킁킁! 방귀동화

깔끔마녀와 까만 고양이의
방귀 소동

숲 속에 깔끔마녀와 까만 고양이 한 마리가 살았어.
깔끔마녀는 세상의 모든 냄새를 싫어했는데
그중에서도 더럽고 구린 냄새라면 질색을 했지.
그래서 항상 집 안 구석구석을 깨끗하게 쓸고 닦았어.
아무 냄새가 나지 않을 때까지 킁킁거리면서 말이야.
그런데 어느 날, 속이 뒤집어질 정도로 역겨운 냄새가 났어.
깔끔마녀가 킁킁거리며 냄새가 나는 곳으로 가 보니
글쎄, 고양이 녀석이 방귀를 뽕뽕 뀌며 자고 있는 거야!

깔끔마녀는 화가 머리끝까지 나서
까만 고양이를 집 밖으로 내쫓아버렸어.
'세상에, 방귀 뀌었다고 나를 내쫓다니…….'
고양이는 슬퍼하며 숲 속으로 사라졌어.

그 후로 깔끔마녀는 매일같이
혼자서 밥을 먹고 혼자서 잠을 잤어.
하지만 까만 고양이가 없으니 너무 외로웠어.

깔끔마녀는 까만 고양이를 다시 데려오기 위해
마법 빗자루를 타고 온 숲을 돌아다녔어.
하지만 까만 고양이는 털끝조차 보이지 않았어.
그동안 밥도 잘 못 먹고 잠도 제대로 못 잔 탓에
몸이 무척 허약해져 있던 깔끔마녀는
제대로 걷지도 못할 정도로 지쳐 버렸어.

깔끔마녀는 까만 고양이가 너무 보고 싶어서
솜뭉치에 마술을 걸어 고양이로 만들어 보았어.
하지만 마력까지 약해져 있다 보니
금방 다시 솜뭉치로 돌아와 버렸어.

깔끔마녀가 기운 없이 소파에 앉아 있을 때,
'똑똑.'
갑자기 문 두드리는 소리가 들리는 거야!
깔끔마녀는 벌떡 일어나 문으로 달려갔어.
문 밖에는 초췌한 모습의 까만 고양이가 돌아와 있었어!
깔끔마녀는 까만 고양이를 얼싸안고 춤을 추며
기쁨의 눈물을 흘렸어.

"뾰로뾰롱 뾰로롱, 맛있는 음식들 나와라, 뿅!"
식탁 위에 산해진미가 가득 차려졌어.
깔끔마녀와 까만 고양이는 실컷 먹고 마시며
뿡뿡 빵빵 신나게 방귀를 뀌어 댔다고 해.

낱말풀이

꿈틀 운동 : 위나 창자 등 소화 기관이 음식물을 뒤로 보내기 위해 근육을 움직이며 꿈틀거리는 운동을 말한다.

단백질 : 3대 영양소 가운데 하나로, 세포와 근육을 이루는 물질이다. 세포 안에서 여러 가지 화학 작용을 돕는다. 육류, 생선, 우유, 달걀, 콩 등에 많이 들어 있다.

되새김질 : '반추'라고도 하며, 한 번 삼킨 음식물을 다시 입으로 게워 내서 씹는 습성을 말한다. 음식물이 소화가 잘되도록 잘게 부수기 위해 여러 번 씹는 것으로, 소, 낙타, 양 등 초식 동물 중 일부가 되새김질을 한다.

메테인 : 탄소와 수소가 결합한 화합물로, 상온에서 기체로 존재한다. 빛깔과 냄새가 없고 불이 붙기 쉬우며, 자연에서는 유기물이 부패하거나 발효될 때 발생한다. 열을 잡아 두기 때문에 지구 온난화에 큰 영향을 미친다.

모세 혈관 : 우리 몸에서 피가 흐르는 혈관 중 가장 가느다란 것으로, 동맥과 정맥, 조직들을 서로 이어 주며 산소와 영양분 등을 주고받는다.

박테리아 : '세균'이라고도 하며 미생물 가운데 가장 작은 단위의 생물이다.

발효 : 미생물이 유기물을 분해하여 다른 물질로 변화시키는 것을 말한다. 곰팡이, 효모, 세균 등에 의해 발효가 이루어진다.

방광 : 오줌을 담아 두다가 밖으로 내보내는 주머니 모양의 몸속 기관이다.

부레 : 물고기의 아가미에 있는 공기 주머니로, 물에 뜨고 가라앉는 것을 조절한다. 물고기에 따라 청각이나 평형 감각, 호흡을 조절하는 기능도 한다.

섬유질 : 식물의 뿌리를 제외한 줄기나 잎의 조직을 말한다. 우리 몸은 섬유질을 소화시킬 수 없기 때문에 대부분 똥과 함께 그대로 배설된다. 섬유질은 물기를 많이 머금기 때문에 똥이 부드러워지고 양도 많아진다.

소화 : 음식물이 몸속에서 영양분으로 흡수되기 위해 잘게 쪼개지는 것을 말한다. 소화되고 남은 찌꺼기는 똥이나 오줌으로 나온다.

수소 : 물질 중 가장 가벼운 원소로, 원소 2개가 결합해 하나의 분자를 이룬다. 빛깔과 냄새가 없고 불에 타기 쉽다. 우주에 가장 많이 있는 원소이다.

온실가스 : 지구 온난화의 원인이 되는 대기 중의 기체 물질로, 이산화 탄소, 메테인 등이 있다.

이산화 탄소 : 탄소와 산소가 결합한 분자로, 상온에서 기체 상태로 존재한다. 우리가 숨을 내쉬며 몸에서 배출되며, 열을 잡아 두는 성질 때문에 지구 온난화를 일으키는 일등공신이다. 불이 붙는 걸 방해하는 성질이 있어서 소화기에 넣는 약품의 성분이기도 하다.

지구 온난화 : 지구의 기온이 높아지는 현상을 말한다. 대기에 있는 온실가스 때문에 지구에서 발생한 열이 우주로 나가지 못하고 머무는 현상 때문에 일어난다.

콩팥(신장) : 혈액 속의 찌꺼기를 걸러 내어 오줌으로 내보내는 몸속 기관이다. 주먹만 한 크기의 강낭콩 모양으로, 배의 등 쪽에 쌍으로 있다.

큰창자(대장) : 소화 기관 중 마지막 단계에 있는 것으로, 음식 찌꺼기에서 물을 흡수한다.

폐 : 우리 몸의 호흡 기관으로, 산소를 빨아들이고 이산화 탄소를 내보낸다.

항문 : 큰창자에 남은 음식물 찌꺼기가 똥이 되어 밖으로 나오는 출구로, 소화 기관의 마지막 부위이다.

혈관 : 피가 흐르는 통로로, 동맥과 정맥부터 모세 혈관까지 몸 전체에 퍼져 있다.

혈액 : 우리 몸의 피를 말한다. 혈관을 따라 몸 전체를 흐르는 액체로, 심장과 각 기관, 조직을 오가며 영양분과 산소 등을 실어 나른다.